OBSERVATIONS

PRÉSENTÉES

AU NOM DE LA FACULTÉ DE DROIT DE NANCY

SUR LA

PROPOSITION DE M. DELSOL

MEMBRE DE L'ASSEMBLÉE NATIONALE

RELATIVE AUX

DROITS DU CONJOINT SURVIVANT

PAR

M. Charles CHOBERT

Agrégé chargé d'un cours de Code civil à cette Faculté.

St-NICOLAS ET NANCY

TYPOGRAPHIE DE N. COLLIN

1874

OBSERVATIONS

PRÉSENTÉES

AU NOM DE LA FACULTÉ DE DROIT DE NANCY

SUR LA

PROPOSITION DE M. DELSOL

Membre de l'Assemblée nationale

RELATIVE AUX

DROITS DU CONJOINT SURVIVANT

Appelée, conformément à un usage trop longtemps abandonné, à présenter ses observations sur la proposition de loi relative aux droits du conjoint survivant, la Faculté de droit de Nancy a étudié avec la plus sérieuse attention ce grave et difficile problème. Celui de ses membres auquel elle a confié la tâche délicate de résumer ses travaux, exposera, dans le présent rapport, l'avis de la Faculté sur les différentes questions qui s'offraient à elle, et les considérations qui lui ont paru de nature à le justifier.

Le Code civil n'appelle le conjoint survivant à la succession de son époux prédécédé que dans le cas où celui-ci ne laisse pas de parents au degré successible ; c'est donc, on le conçoit, dans des circonstances fort rares, et uniquement lorsque l'Etat seul se serait présenté pour recueillir la succession du défunt, que la loi reconnaît le droit du conjoint, et encore le relègue-t-elle au rang des successeurs irréguliers, lui refusant et le titre d'héritier, et la saisine héréditaire, pour le soumettre aux formalités gênantes et coûteuses de l'envoi en possession.

Il convient de signaler aussi deux droits de viduité d'une minime importance (Art. 1465 et 1570, C. c.).

La loi du 14 juillet 1866, relative aux droits des héritiers et des ayants cause des auteurs et compositeurs, accorde pendant 50 années, au conjoint survivant, la jouissance des droits dont l'auteur prédécédé n'aurait pas disposé par acte entre-vifs ou par testament. Cette jouissance ne peut porter atteinte à la réserve héréditaire ; mais, dans ces limites, le conjoint est préféré même aux descendants de l'auteur auquel il succède.

Enfin la loi du 25 mars 1873, qui règle la condition des déportés à la Nouvelle-Calédonie, attribue au conjoint survivant, dans le cas où il n'existe ni enfants légitimes ni autres descendants, la moitié des biens que le déporté aurait acquis dans la colonie, et des terres dont il aurait obtenu la concession à titre définitif ; en présence de descendants légitimes, le droit du conjoint est réduit à l'usufruit du tiers des biens.

Tel est l'état actuel de la législation. Le projet soumis à l'Assemblée, propose de le modifier, et, entrant d'une manière plus complète dans la voie tracée par les lois de 1866 et de 1873, de consacrer au profit du conjoint, les droits que lui refuse le Code civil.

La Faculté a été unanime pour s'associer à cette pensée.

Toutefois, contre le principe même de la proposition, ont été récemment soulevées, dans un document considérable, des objections trop graves pour qu'il ne convienne pas de les examiner.

On a reproché à la réforme projetée :

Son inopportunité,

Ses dangers,

Son inutilité.

La réforme est, dit-on, inopportune. Au moment où toute autorité est contestée, toute vérité méconnue, tout principe mis en question, « où l'instabilité sévit partout, il est plus que jamais nécessaire que la stabilité de la législation civile soit respectée. »

La circonspection est nécessaire surtout lorsqu'il s'agit de toucher à l'une des partie les plus complexes de nos lois : les règles qui président à la dévolution des successions sont, par leur nature même, multiples, et leur application soulève des difficultés que, depuis près de trois quarts de siècle, la jurisprudence et la doctrine n'ont pu encore résoudre : n'est-il pas imprudent d'introduire encore ici une cause nouvelle de complications dont nul ne saurait prévoir la gravité ?

Notre loi successorale repose avant tout sur le principe de la conservation des biens dans les familles ; or, que propose-t-on, sinon d'écarter ce principe et de donner une influence prépondérante à des considérations très-dignes d'attention sans doute, mais cependant d'un intérêt secondaire ?

Ce sont là des innovations bien graves, et qui ne pourraient se justifier, si leur justification était possible, qu'à la condition de présenter le caractère d'une incontestable utilité ; or, ce caractère même, on ne peut le rencontrer ici.

En effet, autant le Code civil s'est montré réservé, lorsqu'il a fixé les droits *ab intestat* du conjoint survivant, autant il s'est attaché à laisser aux époux une grande liberté lorsqu'ils voudraient disposer de leurs biens, à titre gratuit, au profit l'un de l'autre. Craignons d'effacer une distinction si sage : le mariage est un contrat dont l'affection réciproque doit être le mobile ; ne lui enlevons pas ce caractère de désintéressement qui est son honneur ; laissons, d'un autre côté, à chacun des époux, le soin de reconnaître les soins, le dévouement qui lui auront été prodigués ; ces libéralités auront pour celui qui en sera l'objet, une valeur d'autant plus grande qu'il les tiendra, non de la loi, mais de la libre volonté de son époux.

Ces objections mettent en pleine lumière les difficultés de la question qui s'impose au législateur ; la Faculté pense néanmoins qu'il est opportun de chercher la solution de ce problème complexe et délicat ; elle pense qu'il est en ce moment possible de la rencontrer.

On a souvent signalé, comme l'un des vices les plus graves de notre époque, le mépris ou plutôt le dédain de l'autorité ; moins que tout autre, le législateur doit se faire le complice de cette funeste tendance, et il doit en particulier, avec le soin le plus scrupuleux, se garder d'ébranler l'autorité si souvent méconnue de la loi ; mais le respect de la loi ne consiste pas certainement dans une approbation sans réserve de ses dispositions ; il commande, au contraire, de faire disparaître les vices qui la déparent, alors surtout qu'ils ont été signalés par des critiques à peu près unanimes. Le problème qui nous occupe est l'un de ceux qui, lors du moins qu'ils sont posés, doivent être résolus.

En ce qui concerne les droits du conjoint survivant, le Code civil n'est en harmonie, on doit le dire, ni avec nos mœurs, ni avec nos institutions.

Le mariage avait créé entre les époux des droits et des devoirs réciproques qui doivent survivre à la mort même. Ces deux êtres, dont l'existence est devenue commune, qui ont ressenti les même joies et supporté les mêmes épreuves, ne deviennent pas étrangers l'un à l'autre au jour où est rompue leur union : les devoirs de secours ne doivent pas non plus prendre fin à ce moment, et il appartient au législateur d'en assurer l'exécution.

Maintenant, au contraire, et en vertu des dispositions encore en vigueur, l'époux survivant, habitué à vivre dans l'aisance, peut-être dans le luxe, grâce à la fortune de son conjoint, se verra tout à coup réduit à la gêne, à la pauvreté même, tandis que les biens dont il avait partagé la jouissance passeront entre les mains de parents éloignés que peut-être le défunt n'a pas connus. S'il existe des enfants, le survivant, sans doute, aura contre eux une créance alimentaire ; mais combien cette situation n'est-elle pas pénible à l'ascendant qui recevra cette aumône, alors qu'il lui appartiendrait bien plutôt de donner à ceux dont il la réclame ? Combien n'est-elle pas funeste à l'autorité paternelle et au respect qui lui est dû ? Combien n'est-elle pas contraire aussi à la dignité du défunt qui avait communiqué son nom au survivant, ou l'avait reçu de lui ?

Que si le mariage a été stérile, ou si les enfants qui en étaient issus sont morts, ou sont devenus insolvables, cette ressource même d'une créance alimentaire échappe au conjoint ; au moment où il est accablé sous le poids de la douleur la plus légitime, il verra sa situation brusquement détruite ou amoindrie ; au malheur qui le frappe, viendront s'ajouter les soucis de l'heure présente, les inquiétudes de l'avenir.

Une législation qui conduit à de semblables résultats n'est pas seulement rigoureuse, elle manque aussi à la justice.

Le patrimoine du défunt, dont les époux avaient joui en commun, chacun d'eux avait contribué peut-être à le former, presque toujours à l'accroître : le mari par ses veilles et ses labeurs, la femme, lors même qu'elle n'était pas associée directement au travail de son mari, par son esprit d'ordre et d'économie, par sa vigilance de chaque moment à lui éviter toutes les préoccupations de la vie matérielle, à lui procurer, par des prévenances dont seule elle a le secret, le calme et le repos d'esprit qui lui sont nécessaires pour ne pas faillir à sa tâche de chef de la famille.

Ces considérations étaient assez graves pour dicter au législateur une décision différente de celle à laquelle il s'est arrêté : il lui aurait suffi d'ailleurs, si elles n'avaient pas semblé déterminantes, de s'attacher aux traditions historiques, ainsi qu'aux principes que lui-même avait choisis pour guides.

Le droit romain, dès qu'il eût été pénétré de l'influence du Christianisme, assura le sort de l'époux survivant : Justinien lui accorda, lorsqu'il était dans le besoin, le quart des biens de son époux prédécédé.

La *quarte du conjoint pauvre* se retrouve dans les contrées de la France dans lesquelles la législation romaine était restée prépondérante : on y ajouta même divers gains légaux de survie, qui sous le nom d'*augment de dot*, et de *contre-augment*, assuraient au mari, comme à la femme, une part soit en propriété, soit en usufruit, dans la succession du prédécédé.

Les pays de coutume repoussèrent la *quarte du conjoint pauvre* : l'adoption du régime de communauté comme régime de droit commun parut la remplacer ; là encore, cependant, nous constatons l'existence d'un gain légal de survie : le *douaire*, dont Pothier donne une idée trop étroite lorsqu'il le définit : « ce qui est accordé à la femme sur les biens de son mari pour ses aliments, pour sa subsistance, au cas qu'elle survive ; » le *douaire* assurait à la veuve une quote part, en usufruit (la moitié le plus souvent), des biens que le mari possédait au moment du mariage, ou qui lui étaient échus depuis ce moment, par succession ou donation en ligne directe.

Il ne semble pas qu'en 1803 le législateur français ait entendu répudier ces traditions ; les procès-verbaux des discussions du Conseil d'Etat montrent au contraire qui a voulu leur demeurer fidèle.

Quel que soit en effet le principe rationnel sur lequel repose notre loi successorale : qu'il convienne de voir dans cette loi la conséquence des devoirs de famille, ou l'expression des volontés des défunts et une satisfaction donnée à leurs affections, le droit du conjoint apparaît comme l'un de ceux que le législateur ne peut méconnaître sans inconséquence.

Aussi, dès les premières années qui suivirent la promulgation de notre code civil, les commentateurs furent-ils frappés de la situation faite au conjoint survivant.

En 1849 fut soumise à l'Assemblée législative une proposition qui accordait au conjoint survivant un droit de pleine propriété ou en usufruit, suivant la qualité des héritiers du défunt ; l'usufruit était recueilli par l'époux à titre de réserve, la nue propriété continuait à faire partie des biens disponibles.

Contrairement aux conclusions de la commission d'initiative parlementaire, cette proposition fut renvoyée par l'Assemblée à une commission spéciale, au nom de laquelle fut présenté, en 1851, un remarquable rapport, par M. Victor Lefranc. Le conjoint était traité moins favorablement que dans le projet primitif : s'il était dans le besoin, il pouvait réclamer une pension alimentaire qui lui était due par la succession.

Les événements politiques s'opposèrent à ce que ces divers projets parvinssent à la discussion.

Les lois de 1866 et de 1873 apportèrent, pour des situations particulières, de notables améliorations à la situation du conjoint. Lorsque fut discutée la dernière de ces deux lois, un membre demanda à l'Assemblée de généraliser ses dispositions, ou tout au moins d'étendre l'application de l'idée qui les inspirait. L'Assemblée hésita devant une réforme qui peut-être ne lui parut pas avoir fait l'objet d'études assez complètes ; au moins cependant a-t-elle ouvert une voie dans laquelle il suffira de la suivre pour donner satisfaction à la logique et à l'équité.

La plupart des nations étrangères nous ont devancés sur ce point. Si l'on se refuse à suivre leur exemple, c'est, dit-on, que ces réformes, nécessaires peut-être chez ces peuples, ne présentent chez nous aucune utilité, à raison de la très-grande liberté accordée aux époux qui veulent se faire des libéralités.

A la vérité les contrats de mariage offrent aux futurs époux et à leurs familles une occasion toute naturelle de pourvoir aux préoccupations de l'avenir ; cependant combien de mariages ne sont précédés d'aucune de ces conventions ? la communauté légale s'impose alors aux époux, mais, à la dissolution du mariage, cette communauté peut n'avoir aucune valeur, soit parce que les deux fortunes étaient purement immobilières, soit parce que, opulente peut-être à l'origine, elle s'est trouvée, depuis cette époque, considérablement amoindrie.

Les époux ne répareront pas toujours, par des donations ou des libéralités testamentaires les résultats que désavouerait leur affection ; beaucoup seront surpris avant d'avoir pourvu à ce qu'exigeaient au même degré la justice et leur tendresse : un conjoint délicat n'osera pas faire partager à son époux ses inquiétudes ; il lui répugnera de paraître solliciter une libéralité qui n'aura de prix que si elle est spontanée. Il est du devoir du législateur, ainsi qu'il l'a fait pour tous les parents dont il reconnaît les droits héréditaires, de remédier aux suites douloureuses de cette imprévoyance, et de donner ainsi une légitime satisfaction aux volontés probables du défunt. Ne craignons pas de dénaturer ainsi le caractère de l'union conjugale, et de faire de ces droits accordés aux conjoints un appât pour les âmes vénales, qui verraient dans le mariage l'occasion d'une spéculation dont le succès serait certain ; ce n'est pas la perspective de recueillir à une époque incertaine, un droit d'usufruit, souvent restreint, et dont la seule volonté de l'époux peut priver, qui pourra faire naître ces calculs, et d'ailleurs ceux chez lesquels se rencontreraient de tels sentiments sauraient trouver toujours d'autres moyens pour parvenir à leur but.

On signale les dangers que présenterait l'introduction, dans nos lois, d'un successeur nouveau, et les complications qui seraient la conséquence de cette réforme ; sans doute, il eut été préférable de procéder par voie de révision générale, mais nous ne pouvons espérer que notre pays puisse bientôt jouir d'un calme assez profond et assez prolongé pour se livrer aux études que nécessiterait un aussi vaste travail ; au moins ne saurait-on refuser au législateur d'entreprendre les réformes dont la nécessité lui parait la plus urgente.

La Faculté ne se dissimule pas qu'une circonspection plus grande est dès lors nécessaire : pour ne pas détruire l'harmonie de notre législation successorale, il est indispensable de se pénétrer avant tout de son esprit, de s'attacher avec une fidélité scrupuleuse aux principes sur lesquels elle repose, fallut-il, pour cela, sacrifier quelquefois des préférences qu'il serait facile de justifier d'ailleurs. En procédant de la sorte, la Faculté espère avoir évité, autant qu'il était en elle, les périls signalés par les adversaires du projet ; elle ne se flatte pas sans doute d'avoir écarté, pour l'avenir, toutes les difficultés, mais ces difficultés naissent déjà, pour la plupart, de l'application des règles du Code civil ; elles sont depuis longtemps connues, et perdent par là même une partie de leur gravité : la jurisprudence et la doctrine fournissent dès à présent les éléments nécessaires pour les résoudre.

Les développements dans lesquels il faut entrer pour exposer dans leur ensemble les observations de la Faculté, se rattachent à la solution des questions suivantes :

Quelle sera la nature du droit du conjoint survivant ?

Quel en sera l'objet ?

Quelle en sera la quotité ?

A quelles causes de déchéances sera-t-il soumis ?

I.

Nature du droit du conjoint.

La Commission de l'Assemblée législative, dont, en 1851, M. Victor Lefranc était le rapporteur, proposait, on le sait, d'accorder au conjoint survivant une créance alimentaire contre la succession de son époux prédécédé.

Cette idée a été soutenue avec une grande force au sein de la Faculté.

Quelle est, en effet, peut-on dire, la préocupation de ceux qui s'élèvent contre les dispositions du Code civil ? On s'est ému en voyant un conjoint réduit à la gêne, par suite de la dissolution du mariage ; on a pensé que cette situation n'était pas en harmonie avec le caractère de l'union conjugale, qu'elle était une méconnaissance des droits et des devoirs qu'avait fait naitre cette union ; qu'il était rigoureux enfin, de priver le survivant des bienfaits d'une existence honorée, des habitudes de bien-être, de luxe même, que pour sa part il avait contribué à créer.

Pour faire droit à ces préoccupations très-légitimes, ne suffit-il pas d'attribuer à ce conjoint le droit de réclamer des aliments dont la quotité serait proportionnée tout à la fois à ses besoins et à l'importance de la succession?

Aller plus loin serait imaginer un remède sans proportion avec le mal ; pour être logique, on devrait, une fois engagé sur cette pente, reconnaitre le droit du conjoint, même s'il avait une grande fortune ; il faudrait nécessairement préférer le conjoint à tout autre héritier, même aux descendants; il faudrait lui accorder une réserve : ou on ne reculera pas devant ces conséquences, ou il faudra reconnaître que le point de départ d'où elles dérivent manque d'exactitude.

A ce raisonnement, il a été répondu que les motifs même sur lesquels repose le droit du conjoint ne permettent pas de refuser à celui-ci un véritable droit de succession.

Ces motifs, il ne faut pas les chercher exclusivement dans les considérations tirées de la situation pénible dans laquelle peut se trouver le conjoint survivant; les faits douloureux qui se sont produits, par suite de l'application de notre système successoral, ont éveillé l'attention des jurisconsultes, et démontré la nécessité d'une réforme ; ils ne sont pas la raison d'être, le principe légal du droit du conjoint.

Ce principe est, ainsi qu'on l'a exactement indiqué, l'affection présumée du défunt, sa volonté probable, par suite de cette affection même, et aussi par suite des devoirs dont il était tenu envers celui dont la mort l'a séparé.

On a signalé déjà quels motifs de l'ordre le plus élevé ne permettent pas de réduire le conjoint survivant à une simple créance alimentaire :

le respect dû à l'autorité paternelle, l'honneur du défunt, la dignité du survivant exigent qu'on reconnaisse au profit de celui-ci l'existence d'un véritable droit de succession.

Il est de plus indispensable de prévenir les douloureux procès dans lesquels le conjoint survivant entendrait contester, par des collatéraux avides, et ses besoins et leur étendue; il est permis de le craindre, ces procès seraient nombreux, et la tranquillité des familles en serait profondément troublée.

Il est vrai, jusqu'ici notre législation n'a attribué de droit de succession qu'à ceux qu'unissaient au défunt les liens de la parenté, les liens du sang: la consanguinité est actuellement la seule source, le seul fondement des droits successoraux; mais ce n'est pas par suite d'une volonté réfléchie que la parenté a reçu ce privilége : il est naturel, en effet, que le conjoint, par qui s'est produite la parenté, ne soit pas dans une condition légalement inférieure à la condition de ceux qui, par le mariage, tiennent de lui tous leurs droits.

En donnant au conjoint survivant un droit de succession, fallait-il attacher à ce droit le caractère d'une réserve ?

L'affirmative a rencontré des partisans convaincus.

On disait dans ce sens : La réforme projetée ne produira d'effets sérieux qu'à la condition de ne pas permettre que le défunt ait pu disposer de ses biens au mépris du droit nouveau du conjoint survivant. En vain objecterait-on que l'époux prédécédé a pu avoir des motifs de mécontement tels que la justice et le soin de son honneur et de son affection méconnus exigent qu'il puisse manifester des griefs trop justifiés : si l'on était arrêté par ces considérations, il faudrait repousser la réserve établie au profit des ascendants, celle surtout dont peuvent se prévaloir les descendants. Il restera toujours d'ailleurs une différence importante entre ces personnes et le conjoint : l'époux offensé pourra demander la séparation de corps, et faire prononcer ainsi contre son conjoint la déchéance de son droit.

D'accord, sur ce point comme sur le précédent, avec la proposition soumise à l'Assemblée, la Faculté refuse au conjoint survivant tout droit à une réserve.

Le droit de succession de l'époux trouve sa raison d'être dans les droits et les devoirs réciproques auxquels le mariage a donné naissance, comme dans l'affection du défunt pour celui dont il a partagé l'existence ; c'est sur des idées semblables que reposent les droits des ascendants et ceux des descendants ; mais il n'existe pas entre ces diverses personnes une analogie de situation si étroite qu'il convienne de reconnaître à leurs droits un caractère identique ; le législateur l'a bien compris, lorsque, par une règle tout exceptionnelle, il a déclaré les donations faites entre époux pendant le mariage, essentiellement révocables. Les devoirs dont sont tenus les époux l'un envers l'autre sont d'une telle nature que l'on ne saurait les comparer à ceux que le lien du sang établit entre les parents et leurs enfants ; la conduite de l'un des époux peut faire naître des susceptibilités qui ne se produiront dans aucune autre situation ; lorsque par son fait, par l'oubli le plus grave de tous ses devoirs, cet époux aura brisé autant qu'il était en lui les liens que sa volonté avait contribué à créer, on peut sans injustice considérer son conjoint comme dégagé à son tour, après sa mort, des obligations qu'il n'a pas le premier méconnues.

De fréquents écarts de caractère, des froideurs, des manques d'égards répétés peuvent rendre pénible, intolérable peut-être la vie commune, sans qu'il y ait lieu de recourir à la séparation de corps ; et d'ailleurs les faits seraient-ils assez graves pour rendre certaine, autant qu'elle peut l'être, l'issue d'une telle demande, combien, par un sentiment de dignité, répugneront à la former ? La séparation de corps est un moyen extrême : au moment d'y recourir, souvent l'époux offensé reculera devant cette douloureuse nécessité ; il se refusera à porter devant les tribunaux des plaintes qui ne doivent pas sortir du sanctuaire de la famille ; il ne voudra pas s'exposer à des calomnies et à des outrages nouveaux, compromettre dans ces débats le nom que portent ses enfants ; il redoutera enfin de voir s'évanouir la dernière espérance d'une réconciliation qu'il veut toujours pouvoir désirer. Assurément, il ne convient pas de faire violence à des hésitations si légitimes, mais il ne faut pas non plus que cet époux, au mépris de sa volonté la plus certaine, voie une partie de sa fortune tomber entre les mains d'un conjoint qui lui a donné de si graves sujets de plaintes.

Il est enfin un intérêt auquel il faut pourvoir : si l'on admettait une réserve, on restreindrait, dans des bornes beaucoup trop étroites, la liberté déjà si limitée de l'époux prédécédé. Cet époux ne pourrait disposer que de la nue propriété de ses biens, au moins dans la plupart des cas, quelquefois même son patrimoine serait frappé d'une complète indisponibilité, si l'on accordait au survivant un droit en pleine propriété. Sans doute, certains publicistes ont pensé que la liberté du père de famille n'a pas été respectée par le législateur autant qu'elle aurait dû l'être, mais il n'est personne qui ne recule devant l'idée de l'amoindrir encore.

D'après une solution intermédiaire, le conjoint survivant n'aurait pas de réserve, mais il ne pourrait être dépouillé de son droit de succession que par la volonté exprimée, d'une manière directe et formelle, par son conjoint. Peut-être celui-ci a-t-il disposé de ses biens, aux dépens du survivant, sous l'empire d'illusions qu'il n'est pas déraisonnable de prévoir ; il ne suffira donc pas qu'il ait donné ou légué à des étrangers une partie de son patrimoine, car dès qu'il existera quelque doute sur ses intentions, il serait trop dur de dépouiller le survivant ; on devrait donc exiger qu'aux actes par lesquels le défunt aurait aliéné, à titre gratuit, tout ou partie de ses biens, fut jointe l'expression formelle de sa volonté d'exclure son conjoint qui lui survit.

Cette proposition ne doit pas être acceptée : la clause d'exhérédation serait une innovation, et on peut le dire une innovation malheureuse. L'époux qui aura de justes sujets de plainte pourra, en disposant de ses biens au profit d'étrangers, enlever à son conjoint, sans blesser sa dignité, les biens qu'il le juge indigne de recueillir ; autrement, on l'obligerait à manifester avec éclat ses volontés, à un moment où il conviendrait au moins de ne pas accentuer les dissentiments qui ont pu se produire pendant le mariage.

Le conjoint survivant aura donc un droit de succession, mais non pas un droit réservé. Exercera-t-il ce droit en qualité d'héritier ou restera-t-il au rang de successeur irrégulier?

Lorsque le conjoint recueillera, en pleine propriété, la succession de son époux prédécédé, il la recueillera comme héritier légitime : comme tel, il sera saisi de plein droit des biens, droits et actions du défunt (art. 724.) La dignité du mariage est ici en jeu : celui par qui se sont formés les liens de la parenté, ne peut être moins bien traité que les parents avec lesquels il concourt ; on ne doit pas confondre l'époux par qui a été créée la famille légitime, avec les successeurs qui sont en dehors de cette famille.

La proposition soumise à l'Assemblée est muette sur ce point, il est indispensable de s'en expliquer nettement.

Mais lorsqu'au lieu d'être admis à la pleine propriété, le conjoint survivant ne recueillera qu'un droit d'usufruit, la Faculté ne lui reconnait pas la qualité d'héritier saisi.

La saisine, en effet, est le privilége exclusif de ceux qui continuent en eux la personnalité juridique du défunt, qui représentent le défunt au sens légal, dans toute la force de ce mot ; aussi, lorsque le législateur s'est trouvé en présence de successeurs chez lesquels il ne pouvait voir cette personification du défunt, a-t-il établi une ligne de démarcation profonde, en les considérant comme de simples successeurs aux biens.

Seuls, ceux qui recueillent la totalité ou une quote part de l'hérédité peuvent être considérés comme les continuateurs de la personne du défunt ; en raison, comme d'après les principes de notre Code civil, telle ne serait pas la situation de l'époux lorsqu'il n'aurait que l'usufruit de tout ou partie des biens composant la succession. En raison d'abord, le conjoint ayant alors un droit essentiellement personnel et temporaire, ne peut, par la force même des choses, être considéré comme succédant à une fraction de l'universalité des biens, comme représentant celui à qui a appartenu cette universalité.

Appelé à ne recueillir que l'usufruit des biens, le conjoint est dans une situation analogue à celle du légataire d'un usufruit universel ou à titre universel : comme tel, d'après l'opinion d'un grand nombre de commentateurs, il doit être considéré simplement comme un successeur à titre particulier. (Comp. art. 1003 et 1010, C. c.)

Dans le beau mémoire qui a mérité les suffrages de l'Académie des sciences morales et politiques, M. Boissonade propose une solution différente de celle à laquelle s'arrête la Faculté. D'après le savant auteur, la nature viagère de l'usufruit n'est pas un obstacle sérieux à ce que la saisine reçoive son application : ainsi personne ne refuse d'admettre que l'usufruit héréditaire des père et mère sur le tiers des biens auxquels ils ne succèdent pas en pleine propriété (art. 754), ne donne le bénéfice de la saisine ; de plus, la dignité du survivant, qui nous a porté à le déclarer héritier saisi lorsqu'il succède à la pleine propriété n'est pas moins intéressée lorsqu'il ne recueille qu'un simple droit d'usufruit ; il serait choquant de mettre le conjoint à la merci des héritiers investis de la nue propriété ; on peut prévoir quelles dificultés il rencontrera pendant les délais qui seront la suite inévitable de ces résistances ; il sera réduit à réclamer en justice sa part de revenus, après avoir été dépouillé des objets auxquels s'attachaient pour lui les plus précieux souvenirs.

Au point de vue légal, le raisonnement qui repose sur l'art. 754 du Code civil n'a pas paru concluant : si le père et la mère sont alors saisis de leur usufruit, c'est qu'ils pouvaient déjà se prévaloir de la saisine, à raison de la pleine propriété à laquelle ils étaient appelés. On peut ajouter que si le défunt avait attribué à son époux un droit d'usufruit sur ses biens, l'usufruitier n'aurait pas été saisi de la libéralité ; il serait difficile de comprendre comment un usufruit légal aurait une efficacité plus grande que celui qui émanerait de la volonté de l'homme, et qu'il a pour but de suppléer.

A la vérité, le danger que l'on signale, au point de vue des droits du conjoint, ne manque pas de gravité ; aussi convient-il de rappeler que le survivant pourrait prendre toutes les mesures conservatoires qui lui paraîtraient nécessaires, par exemple, provoquer l'apposition des scellés, la nomination d'un séquestre.

Plusieurs membres de la Faculté auraient souhaité que l'on allât plus loin et que l'on dispensât l'époux de former une demande en délivrance de son usufruit : ils faisaient remarquer que les articles 1465 et 1570 du Code civil contenaient des décisions qu'il suffirait de généraliser, pour donner au conjoint toutes les garanties désirables.

La Faculté n'a pas adopté cette proposition : attribuer, en effet, de plein droit, au conjoint survivant la possession de tous les biens composant la succession, ce serait lui attribuer, en réalité, les principaux avantages de la saisine, et introduire à son profit, dans nos lois, une situation juridique en complet désaccord avec les principes qui viennent d'être rappelés.

En résumé, le conjoint survivant, lorsqu'il ne recueillerait qu'un droit d'usufruit, ne pourrait être compris dans aucune des deux classes de successeurs *ab intestat*, reconnus par le Code civil ; la situation que créerait la loi à son profit serait semblable à celle d'un légataire à titre particulier ; les principes appliqués par le législateur à cette sorte de legs devraient, par la force des choses, être étendus à l'usufruit du conjoint survivant.

En conséquence, quant aux obligations et aux droits de l'époux, en sa qualité d'usufruitier, la Faculté propose d'appliquer les règles générales du Code civil, telles qu'elles sont indiquées dans les art. 600 à 614, C. c.

D'un autre côté, les dispositions relatives a l'apposition des scellés, à l'obligation de faire inventaire, de faire emploi du mobilier (Art. 768, 770 et 772, C. c.), cesseraient d'être, en aucun cas, applicables au conjoint survivant : aussi serait-il opportun de les modifier en ce sens.

Les héritiers de l'époux prédécédé pourraient, en vertu de leur saisine, réclamer la possession de la totalité des biens, même des objets qui garnissaient l'habitation occupée par les époux pendant le mariage, et auxquels cependant le survivant attache un très-grand prix ; un pareil résultat serait trop rigoureux ; aussi la Faculté propose-t-elle d'attribuer au conjoint survivant, jusqu'au partage, la possession de ces meubles, quelle qu'en puisse être la valeur. Cette extension de la disposition des articles 1465 et 1570 a paru justifiée par l'intérêt le plus légitime du conjoint et par le caractère purement temporaire du privilége dont il est ici question.

Le survivant ne serait pas même obligé de faire dresser inventaire des biens qu'il conserverait de cette manière ; les héritiers, s'ils le jugeaient utile, feraient eux-mêmes dresser cet inventaire qui, d'ailleurs, servirait aussi à la liquidation de la succession.

II.

Objet du droit du conjoint survivant.

La proposition de loi soumise à l'Assemblée n'accorde qu'un droit d'usufruit, lorsque le conjoint survivant se trouve en présence de descendants, d'ascendants ou de collatéraux au 6e degré inclusivement ; elle attribue au conjoint la moitié des biens en pleine propriété, lorsqu'il concourt avec des collatéraux d'un degré plus éloigné.

La Faculté n'a pas adhéré à ces dispositions, et propose de n'accorder jamais au conjoint survivant qu'un droit d'usufruit, excepté lorsqu'il n'existerait pas de parents du défunt au degré successible ; dans cette hypothèse, le conjoint survivant recueillerait la totalité de la succession en pleine propriété.

Que l'on se rappelle l'idée fondamentale, le point de départ du projet. Il s'agit d'empêcher ces transitions pénibles dans la situation pécuniaire du conjoint survivant, transitions qui sont trop souvent le résultat de la dissolution du mariage ; on veut éviter que l'usufruit, qui était autrefois consacré tout entier aux dépenses des deux époux, qui leur avait permis de vivre ensemble dans l'aisance ou le luxe, soit arraché à l'époux survivant ; les parents n'avaient pu compter sur cet usufruit que comme sur un bien qui pouvait leur être enlevé, il n'est pas rigoureux de retarder pendant quelque temps leur entrée en jouissance.

Mais s'il est juste de maintenir dans son intégrité la situation de l'époux, au moins n'est-il pas nécessaire de l'améliorer ; bien plus, tendre à ce but ou tolérer ce résultat, serait se mettre en contradiction avec les intentions du défunt et avec la volonté certaine du législateur.

L'époux prédécédé a dû préférer son conjoint à ses propres parents ; sans entendre que ceux-ci dussent toujours faire céder leur droit devant celui de son conjoint, il a probablement désiré que du moins aucun d'eux ne pût se dispenser de partager avec lui ; mais on ne peut croire qu'à ses propres parents il ait préféré la famille du survivant, famille dont les membres ne sont pour lui que des alliés.

Sans doute il ne paraît pas exact de dire que notre loi successorale repose principalement sur cette idée qu'il importe d'assurer la conservation des biens dans les familles ; les auteurs du Code n'ont pas attaché à cette pensée l'importance prépondérante qu'elle avait dans notre ancien droit ; ils ont reculé devant les difficultés inextricables et les innombrables procès auxquels autrefois donnait lieu son application ; ce n'est pas à dire cependant qu'ils l'aient repoussée d'une manière absolue : ainsi, et pour ne citer que cet exemple, accordent-ils à l'ascendant donateur le droit de reprendre dans la succession du donataire les biens qu'il lui a donnés (art. 747, C. c.).

On peut ne pas approuver chacune des applications que la loi a faites de ce principe ; il serait téméraire d'affirmer cependant qu'il soit désormais étranger à nos mœurs. Dans les grandes villes, sans doute, ce sentiment, par suite des circonstances les plus diverses, tend à s'affaiblir dans une mesure que l'on ne saurait trop regretter ; mais parmi les populations agricoles il a conservé une très-grande vivacité : chez elles sont encore très-profonds l'amour du foyer domestique, la crainte de voir passer en des mains étrangères des biens acquis et cultivés par les aïeux : ces sentiments sont l'une des forces de notre pays, il serait aussi injuste qu'impolitique de ne pas les respecter.

Si l'on consulte d'ailleurs la pratique des affaires, on sera convaincu qu'en attribuant au conjoint survivant la propriété des biens, on ne tient pas un compte suffisant des usages les plus répandus. La communauté réduite aux acquêts est, on peut le dire, parmi les différents régimes matrimoniaux reconnus par la loi, celui qui est le plus généralement adopté dans une grande partie de la France ; très-souvent, en adoptant ce régime, les futurs époux se font réciproquement donation à titre de gains survie, de l'usufruit d'une part notable des biens du prémourant, quelquefois même cet usufruit porte sur la totalité des biens ; mais il est fort rare que ces libéralités aient pour objet une portion de biens, si minime soit-elle, en pleine propriété. — La solution à laquelle s'arrête la Faculté est donc en complète harmonie avec nos mœurs actuelles : pour cette raison encore il serait imprudent de ne pas l'adopter.

Enfin, « si l'on intercalait à un degré quelconque de la ligne des parentés le droit si différent du conjoint, on briserait à cet endroit même la chaîne de la consanguinité, et l'on donnerait une arme puissante à ceux qui voudraient rapprocher de la souche le droit du fisc ; on ouvrirait une brèche par où tenterait de passer tôt ou tard cette innovation périlleuse pour la force et l'activité des familles » (Rapport de M. V. Lefranc, 1851). Ces graves considérations, qui ne sauraient s'appliquer à l'opinion adoptée par la Faculté, n'ont rien perdu de leur force, si on les oppose aux défenseurs du projet de loi.

Reconnaître au profit du conjoint l'existence d'un droit d'usufruit, c'était poser un principe : la Faculté ne pouvait échapper à la nécessité de prévoir, autant qu'il était en elle, les difficultés qui pourraient résulter de son application.

Le droit d'usufruit du conjoint porte indivisément sur tous les biens de la succession et sur chacun d'eux : il faudra mettre fin à l'indivision, procéder à la liquidation et au partage, déterminer l'étendue du droit du conjoint et les biens sur lesquels son usufruit devra porter ; on comprend combien il sera difficile de concilier entre elles des prétentions rivales, surtout si l'on songe que ces contestations s'élèveront entre personnes naturellement peu disposées à se faire de mutuelles concessions et à atténuer, par des égards réciproques, ce qu'ont toujours de pénible et d'irritant les discussions de ce genre.

On peut se demander si le devoir du législateur n'est pas d'intervenir, et de prévenir par un règlement qu'il consacrerait de son autorité, des procès toujours préjudiciables au repos et à la dignité des familles ? — Plusieurs membres l'ont pensé. Dans leur opinion, il y aurait lieu d'édicter ici une disposition à peu près semblable à celle de l'art. 1471, texte dans lequel le législateur indique sur quels objets la femme commune en biens exercera ses reprises après la dissolution de la communauté, et fixe en même temps dans quel ordre ces biens seront soumis au droit de la femme. Ce qui importe avant tout, c'est qu'une règle soit posée : l'art. 1471 a produit de très-heureux résultats, il en sera de même si le législateur sait ici intervenir avec sagesse.

On pourrait ranger dans l'ordre suivant les biens sur lesquels s'exercerait l'usufruit du conjoint : les meubles qui se trouvent dans l'habitation occupée par les époux pendant le mariage ; — puis, l'habitation ou le domaine lui-même, le fonds de commerce ou l'exploitation agricole que les époux géraient ensemble : nul mieux que le conjoint n'était apte à continuer, dans l'intérêt même du nu-propriétaire, une administration dont les conditions de succès lui sont depuis longtemps connues ; — ensuite, s'il y avait lieu, les capitaux placés : quant à eux, l'usufruit s'exercerait sans qu'aucun rapport dût s'établir entre l'époux et les héritiers : résultat désirable, car ainsi on éviterait les procès que le règlement actuel a pour but de prévenir ; — enfin, les autres immeubles.

Malgré l'intérêt sérieux qui s'attachait à ces combinaisons et les motifs qui pouvaient être invoqués à leur appui, la Faculté a cru devoir les écarter.

On n'ignore pas quelles difficultés fait naître dans les partages l'application de la règle d'après laquelle il convient d'attribuer à chacun des héritiers, s'il se peut, la même quantité de meubles, d'immeubles, de droits ou de créances de même nature et valeur (art. 832); il serait mauvais d'aggraver, en y introduisant des complications nouvelles, les dangers d'une règle dont on signale depuis longtemps les inconvénients pratiques.

On peut croire de plus que les décisions qu'il s'agirait d'imposer au juge, échappent à l'action du législateur ; il est en effet impossible à celui-ci de prévoir à l'avance les situations si diverses qui, nécessairement, se présenteraient ; mille circonstances : l'âge, les aptitudes, la valeur des biens, les relations existant entre les divers ayants droit, pourraient, dans cette matière, dicter suivant les cas, des solutions différentes.

Une autre raison ferait, au point de vue pratique, obstacle à la combinaison proposée : il arriverait souvent que la jouissance des biens assignés *à priori* par le législateur au conjoint usufruitier dépasserait la valeur des produits de l'usufruit : il serait nécessaire alors de recourir à une aliénation souvent désastreuse dans ces conditions, ou de soumettre l'exploitation à un partage non moins préjudiciable, ou enfin de tolérer l'existence d'un usufruit indivis ; il serait malaisé de dire laquelle de ces alternatives présenterait les moindres dangers.

La Faculté toutefois permettrait au conjoint de faire porter d'abord son usufruit sur les meubles qui garnissaient, au moment où la succession s'est ouverte, l'habitation occupée en commun par les époux : ces objets devraient d'ailleurs être restitués en nature au moment où cesserait l'usufruit, car s'ils ont un grand prix surtout aux yeux de l'époux, les héritiers du prédécédé peuvent avoir intérêt aussi à les recouvrer un jour.

Au reste, ce n'est pas contre la manière dont serait fixée l'assiette de l'usufruit, c'est contre l'usufruit même qu'ont été formulées, au nom de l'économie politique, les plus vives objections.

La richesse d'un pays comprend un double élément : le fonds de consommation et le capital, c'est-à-dire la partie de la richesse publique appliquée à la production.

Tout acte qui tend à augmenter la valeur du fonds destiné à la production, est un acte profitable à la prospérité publique ; que si, au contraire, on distrait quelque partie de ce fonds, une valeur se trouve détruite, elle est désormais perdue au point de vue de la prospérité nationale.

Or, pour augmenter soit la masse, soit la valeur des capitaux, plusieurs conditions sont indispensables : assurer la libre circulation des biens, encourager tout ce qui peut contribuer à leur amélioration, favoriser l'épargne.

Qui ne comprend combien l'usufruit s'oppose à ce que ces résultats divers puissent être atteints ?

On l'a remarqué depuis longtemps, l'usufruit annule pour ainsi dire, amoindrit du moins dans une mesure extrêmement large, les avantages de la propriété.

Si l'on sépare l'usufruit de la nue-propriété, le profit que l'usufruitier et le nu-propriétaire retireront chacun de ce partage, ne peut être comparé à celui qu'aurait procuré la pleine propriété appartenant à une même personne ; nul ne sait en effet qu'elle est la valeur du droit de l'usufruitier, car elle dépend d'événements que personne ne peut prévoir, et ne sera connue qu'au moment où il ne sera plus temps d'utiliser ce droit.

Arrêter la circulation des capitaux est toujours un danger très-grand au point de vue économique, mais ce danger est particulièrement grave si l'immobilisation atteint les capitaux circulants, dont la nature même se trouve radicalement altérée ; ces capitaux, en effet, ne donnent de bénéfices, ils ne sont productifs qu'à la condition de changer fréquemment de possesseur et de se transformer sans cesse ; désormais ils ne pourront plus remplir cette fonction, ils seront rendus stériles tant que subsistera l'usufruit.

Les immeubles aussi subiront cette influence funeste : l'usufruitier, dont le droit est essentiellement temporaire, ne réalisera aucune amélioration dont ni lui ni ses héritiers ne profiteraient ; dès lors tout dépérira, car on aura supprimé le grand mobile de la production agricole et industrielle : l'intérêt du propriétaire à faire des dépenses utiles dont lui-même recueillera le bénéfice.

Pour être complet, on doit ajouter que l'épargne, cet élément de richesse et de moralisation tout ensemble, l'épargne diminuera : le nu-propriétaire ne saurait prétendre à la réaliser ; quant à l'usufruitier, qui recueille la jouissance, il en dissipera tout le revenu, n'ayant pas, on le comprend, d'in térêt à employer sur le fonds l'excédant de ce qu'il produit sur ses dépenses personnelles.

On peut donc dire sans exagération que l'adoption du projet de loi menacerait notre pays, au point de vue de ses intérêts économiques, d'un véritable désastre. Est-ce bien à un moment où la situation financière de la France offre de si grandes difficultés, qu'il faut porter un coup peut-être mortel à notre crédit, et compromettre d'une manière irréparable les ressources dont nous pouvons encore disposer ?

En présence de ce péril imminent, les membres dont nous exposons les craintes déclaraient que, malgré leurs sympathies pour le principe même de la réforme, ils se verraient contraints de repousser le projet dans son ensemble plutôt que d'assumer la responsabilité d'une innovation dont ils redoutent à ce point les conséquences.

Ces critiques méritaient le plus sérieux examen : elles n'ont pas déterminé cependant la conviction de la Faculté.

Le législateur ne peut sans péril tenter de faire violence aux habitudes d'un peuple : or on l'a vu, si les libéralités entre conjoints sont fréquentes, elles ont presque toujours pour objet un simple usufruit : les donations en pleine propriété sont extrêmement rares.

D'ailleurs, ne s'exagère-t-on pas les périls que nous venons d'indiquer ?

On peut estimer que la différence d'âge existant entre deux époux est, en moyenne, dans l'état actuel de nos mœurs, de 4 ou 5 ans ; il est ainsi permis d'apprécier la durée moyenne de l'usufruit : en fixant cette durée à 6 ans ou même à 7 ans environ, on aura fait la part des erreurs auxquelles peut donner lieu tout calcul approximatif ; c'est donc dans ces limites assez restreintes que sera circonscrit le droit de l'époux survivant ; à la mort de l'usufruitier, le capital, qui jusqu'alors avait été soumis à son droit, se retrouvera intact entre les mains des héritiers.

Pendant la vie même de l'usufruitier, les biens qui lui auront été confiés demeureront-ils nécessairement improductifs ? Pourquoi le penser ? L'époux survivant songera lui aussi à l'avenir de ses enfants, il voudra augmenter son patrimoine qui un jour sera partagé entre ses propres héritiers ; dans ce but, il tirera de son usufruit tout le produit qu'on en peut attendre ; les revenus destinés autrefois à subvenir aux besoins des deux conjoints seront probablement trop considérables pour le survivant ; on redoutait de rendre impossible l'épargne : elle se rencontre encore ici, ajoutant à ce fonds commun de la richesse publique, que l'on est, à bon droit, soucieux de ne pas voir dépérir.

Il est du reste un moyen d'éviter la plus grande partie des inconvénients économiques et des procès nombreux auxquels donnerait naissance la loi proposée ; il serait sans doute injuste de contraindre le conjoint à recevoir un capital jugé équivalent à la jouissance à laquelle il a droit ; mais au moins peut-on restreindre, dans une large mesure, le nombre des usufruits, en encourageant leur transformation en un revenu viager d'une jouissance équivalente à celle que la loi concéderait à l'époux survivant. Ce revenu viager pourrait être constitué soit par un placement à fonds perdu, soit au contraire par le placement d'un capital dont les héritiers conserveraient dès à présent la nue propriété, et dont ils recouvreraient la jouissance au décès de l'époux usufruitier ; aux héritiers seuls il appartiendrait de choisir entre ces deux modes de transformation.

Sous cette réserve, il conviendrait de donner aux tribunaux un pouvoir très-large, car seuls ils pourront apprécier si la transformation demandée se justifie suffisamment ; dans la pensée de la Faculté, lorsque le tribunal autoriserait la transformation, c'est à lui aussi qu'il appartiendrait de fixer, la quotité du revenu viager qui serait substitué à l'usufruit.

Mais s'il convenait de pourvoir aux intérêts des héritiers, il n'était pas moins important de donner des garanties suffisantes à l'usufruitier, dont, en réalité, on dénature ou on modifie le droit. Aussi serait-il bon de décider que le tribunal ne pourrait autoriser la transformation de l'usufruit que de l'une des deux manières suivantes : soit par l'achat d'une rente sur l'Etat, qui serait immatriculée pour la nue propriété au nom des héritiers et pour les arrérages au nom du conjoint survivant, soit par la constitution d'une rente viagère sur des institutions garanties par l'Etat.

La dette publique, il est vrai, représente un ensemble de consommations presque entièrement improductives, mais tout placement en rente sur l'Etat, en même temps qu'il enlève à la production un capital lui en rend un autre de valeur égale, de telle sorte qu'on peut le dire, le mal ici porte avec lui son remède.

On aurait pu désirer qu'au point de vue des placements en rentes viagères, les tribunaux eussent une plus grande liberté, mais il aurait été périlleux de laisser à l'autorité judiciaire le pouvoir de discerner entre les différentes institutions de crédit; on ne doit pas non plus l'oublier, il est des engouements contre lesquels ne préserve pas toujours une prudence ordinaire : en imposant aux tribunaux une règle invariable, on donnait satisfaction à tous les intérêts auxquels la loi nouvelle doit pourvoir.

Un obstacle sérieux à la transformation de l'usufruit pourra résulter des règlements imposés à la caisse des retraites pour la vieillesse, la seule institution à laquelle maintenant puissent s'appliquer les présentes dispositions. D'après les lois successives qui l'ont organisée, les versements annuels ne peuvent excéder 4000 francs, le chiffre maximum des rentes est fixé à 1500 fr., ces rentes enfin ne peuvent être constituées au profit de personnes qui n'auraient pas atteint l'âge de 50 ans. Ce sont là sans doute des restrictions qui auront souvent des conséquences fâcheuses ; mais les règles que l'on signale ont été à plusieurs reprises élargies par le législateur : il est permis d'attirer de nouveau son attention sur ce point.

Qu'on ne l'oublie pas, d'ailleurs, la transformation ne s'impose pas aux héritiers : le conjoint survivant peut être contraint de la subir lorsqu'elle est demandée : il a droit à des garanties sérieuses : on a vu quels motifs ont dicté à la Faculté les dispositions auxquelles elle s'est arrêtée.

Le conjoint survivant aurait le droit, ainsi qu'on l'a vu, de faire d'abord porter son usufruit sur les meubles qui, au moment du décès, garnissaient l'habitation occupée par les deux époux pendant le mariage et dont il a eu depuis le décès la possession intérimaire ; ce droit, restreint d'ailleurs dans les limites qui ont été précédemment fixées, serait nécessairement à l'abri de toute réclamation de la part des héritiers, et la transformation qu'autoriserait le tribunal ne pourrait jamais y porter atteinte.

Le droit d'usufruit, qui appartient au conjoint survivant, pourrait-il s'exercer aussi sur les biens donnés au défunt par ses ascendants, et que ceux-ci ont le droit de reprendre dans la succession ?

Les biens donnés, sujets au droit des ascendants donateurs, peuvent être considérés, jusqu'à un certain point, comme constituant une succession distincte de la succession ordinaire, soumise à des règles spéciales ; le législateur a dérogé en ce qui les concerne aux principes qu'il avait lui-même édictés, au point de vue de l'attribution, aux héritiers, du patrimoine du défunt. Ainsi a reçu satisfaction le désir légitime chez le donateur de ne pas voir les biens dont il dispose tomber en des mains étrangères. Les ascendants n'hésiteront pas à faire des donations à leurs enfants, lorsqu'ils seront assurés qu'à la mort du donataire ces biens n'appartiendront pas à d'autres qu'à ceux qu'ils auront voulu gratifier ; si cette espérance leur était enlevée, on découragerait leur générosité et peut-être on aurait apporté un obstacle à des mariages dont souvent ces libéralités seront la condition.

La Faculté estime, au contraire, que le droit du conjoint survivant doit porter même sur les biens soumis au droit de retour des ascendants donateurs.

Ces biens en effet composeront peut-être seuls tout le patrimoine du défunt ; ne pas étendre jusqu'à eux l'usufruit du conjoint serait, dans beaucoup de circonstances, rendre illusoire l'innovation projetée.

Si l'on considère l'intention probable de l'époux prédécédé, on n'apercevra pas de raison pour ne pas reconnaître ici le droit du conjoint survivant ; quant aux ascendants, il leur serait facile de se réserver le bénéfice du droit de retour que viendrait paralyser en partie la présence du survivant : il leur suffirait d'insérer dans l'acte de donation une clause qui reproduirait la disposition expresse de l'art. 747, tel qu'il est actuellement en vigueur, et refuserait au conjoint tout droit sur les biens donnés ; ainsi on éviterait les inconvénients si graves du retour conventionnel (art. 952), en même temps que les dangers dont, à juste titre, on se montre préoccupé.

Si l'ascendant n'a pas recours au moyen très-simple qui vient d'être indiqué, la loi, en ce point encore, se trouvera justifiée, car le donateur lui-même aura reconnu qu'elle avait exactement traduit ses intentions.

La liquidation des droits respectifs du conjoint survivant et des parents du prédécédé aura presque toujours rendu nécessaire la confection d'un inventaire : les frais de cet inventaire devraient être considérés comme une charge de la succession, et seraient, par conséquent, supportés tout à la fois par le conjoint et par les héritiers de son époux prédécédé.

On aurait pu objecter, il est vrai, que, de droit commun, les frais d'inventaire sont exclusivement à la charge de l'usufruitier (art. 600, C. c.) ; mais on doit le remarquer, le conjoint survivant tient ici ses droits de la loi elle-même, comme les héritiers dudéfunt ; il n'y avait donc nulle raison pour lui préférer ces derniers, et pour déduire de son émolument le chiffre total des frais d'inventaire. La décision à laquelle s'arrête la Faculté est de plus entièrement conforme à ce que réclame l'équité, puisque l'inventaire, on l'a déjà fait observer, sera utile aussi aux héritiers lorsqu'il s'agira de liquider les droits respectifs de chacun dans la succession.

III.

Quotité du droit du conjoint.

La proposition de loi fait varier cette quotité suivant le rang occupé dans la famille du défunt par les héritiers avec lesquels le survivant est en concours.

En conséquence, lorsque le conjoint est en présence d'enfants du prédécédé, il a l'usufruit de la quotité disponible ; — l'usufruit porte sur la moitié de la succession si le défunt a laissé des ascendants, ou des collatéraux jusqu'au 6e degré ; — si le défunt a laissé d'autres parents, le conjoint recueille la moitié des biens en pleine propriété.

La Faculté adopte le principe sur lequel reposent ces dispositions, mais elle en fait une application différente.

Que le droit du conjoint doive varier d'après la qualité des héritiers laissés par son époux prédécédé, c'est là une règle qui est appliquée par le Code civil lui-même, lorsqu'il fixe les droits de succession des enfants naturels : son affection pour le survivant aurait porté certainement le défunt à lui attribuer dans sa succession des droits d'autant plus élevés que les liens qui l'unissaient à ses héritiers étaient moins étroits.

Le conjoint désormais viendra limiter le droit de tous les membres de la famille ; dans quelle mesure le pourra-t-il ? Ici encore le Code civil a paru, pour certains cas, fournir la réponse. Le législateur, en effet, a assuré, en instituant une réserve, l'exécution des devoirs dont sont tenus entre eux les parents en ligne directe : le droit du conjoint ne pourra jamais atteindre ces biens réservés ; mais, d'autre part, si l'on consulte la volonté probable de l'époux prédécédé, on ne trouvera pas exagéré d'attribuer au survivant la jouissance de tous les biens restés disponibles ; en d'autres termes, la loi ne peut, en thèse générale, en vertu de la volonté présumée du défunt, conférer plus de droits que ceux qui auraient pu être l'objet d'une libéralité formelle et expresse ; elle peut admettre le survivant à l'usufruit des biens dont le prédécédé avait la libre disposition.

La Faculté propose donc de décider qu'en présence d'enfants communs, le conjoint survivant aurait l'usufruit d'une part d'enfant, sans que cette part puisse être inférieure au quart de la succession ; en présence d'enfants d'un précédent mariage, le survivant aurait l'usufruit d'une part d'enfant légitime le moins prenant, sans que cette part puisse excéder le quart des biens.

N'aurait-il pas été préférable, surtout lorsque le défunt a laissé des enfants issus du mariage, que le conjoint eût recueilli en usufruit une part invariable, dont la quotité aurait été indépendante du nombre plus ou moins grand des enfants ?

Plusieurs membres l'ont pensé : et en effet l'art. 1094 parait bien indiquer que cette décision serait conforme à la volonté du législateur ; ainsi, ajoute-t-on, on éviterait d'encourager, dans une certaine mesure, la tendance immorale et trop répandue chez un grand nombre d'époux, à restreindre leur postérité ; il est toujours dangereux de placer l'homme entre son devoir et ce qu'il croit être son intérêt, il le serait surtout à un moment où les statistiques officielles constatent une diminution, trop considérable pour n'être pas alarmante, dans le chiffre de la population.

A ces raisonnements, on peut répondre : l'explication que l'on présente de l'article 1094 manque d'exactitude ; si ce texte fixe dans l'hypothèse qu'il prévoit une quotité disponible que, d'après ses termes, l'on peut croire invariable, c'est probablement parce que plusieurs des projets antérieurs à celui qui fut discuté en 1803 n'admettaient presque dans aucun cas que le chiffre de la quotité disponible pût varier. Quoiqu'il en soit, d'ailleurs, et si l'on étudie le fond même de la proposition, on rencontre des objections devant lesquelles la Faculté a dû s'arrêter. Fixer toujours l'usufruit à un quart des biens, serait restreindre outre mesure le droit du conjoint en présence d'enfants nés du mariage ; si l'on voulait porter à un chiffre plus élevé cette quotité préfixe, on porterait atteinte, dans l'intérêt du conjoint survivant, aux droits légitimes des descendants, dont les besoins sont d'autant plus étendus que leur nombre est plus grand ; le législateur, il est vrai, n'a pas été arrêté par cette considération lorsqu'il a édicté l'art. 1094 ; mais on ne saurait nier la différence profonde qui existe entre l'hypothèse prévue par ce texte et la situation à laquelle il s'agit maintenant de pouvoir ; les enfants nés du mariage peuvent posséder une fortune personnelle suffisante, et le survivant, au contraire, se trouver dans un état assez voisin de la gêne pour que la loi, se confiant à la prudence de l'époux et à l'affection qu'il ressent à la fois pour ses enfants et son conjoint, lui ait permis de porter atteinte, dans une mesure qu'elle fixait, à la réserve de ses descendants ; mais il serait téméraire, de la part du législateur, de déroger d'une manière générale et absolue, sans tenir un compte suffisant des circonstances si diverses qui peuvent se produire, aux règles qui déterminent la réserve.

Voudrait-on transporter purement et simplement, dans l'ensemble des lois *ab intestat*, la disposition de l'art. 1094 ? Il est permis de penser que le conjoint recevrait ainsi plus que ne demande sa dignité, plus que ne le permet l'intérêt des enfants. Ne serait-il pas regrettable aussi que l'époux prédécédé ne puisse plus disposer, au profit de son conjoint, d'aucune portion de ses biens ? N'est-il pas bon, au contraire, que le défunt ait pu, par une manifestation directe de sa volonté, faire une libéralité au profit de son époux qui lui survit, et lui donner ainsi une dernière preuve de son affection ?

Il y a plus : toute disposition législative qui accorderait au conjoint, en usufruit, dans le cas où existeraient plus de deux enfants issus du mariage, une portion invariable, plus considérable que la quotité disponible, conférerait à ce conjoint un droit qui, dans une certaine mesure, ne pourrait lui être retiré que par une clause expresse d'exhérédation.

Si, par exemple, la part invariable attribuée au conjoint était fixée à un tiers de la succession en usufruit, cet usufruit devrait être imputé d'abord sur la quotité disponible, laquelle comprend un quart de la succession ; pour le reste, c'est-à-dire pour la différence entre un quart et un tiers, en d'autres termes, pour un douzième, cet usufruit porterait sur les biens réservés aux descendants ; ce douzième, imputable sur la réserve, ne pourrait être enlevé au survivant par suite des dispositions faites par le conjoint prédécédé au profit de tierces personnes ; quand bien même ces libéralités auraient eu pour objet tout le patrimoine du défunt, les donataires ou légataires n'auraient pu en exiger l'exécution que dans les limites de la quotité disponible, c'est-à-dire jusqu'à concurrence du quart des biens. En principe, en effet, la réserve doit demeurer toujours intacte, et si la loi consentait à l'entamer comme on le propose, ce serait seulement au profit du conjoint et sans qu'aucune autre personne put se prévaloir de ce privilége. On le voit donc, dans l'hypothèse prévue et qui, on peut le penser, se présentera fréquemment, on aurait mis l'époux prédécédé dans la dure nécessité de dépouiller son conjoint par une disposition directe, expresse, par une clause formelle d'exhérédation, des droits qu'il tient de la loi même ; on a vu pour quels motifs la Faculté croit devoir repousser une disposition qui conduirait à ce résultat.

Quant à l'objection capitale qui a été formulée, le danger paraît en réalité moins grand qu'on ne semble le croire. Les calculs qu'il importe au moins ne pas favoriser, pourraient être dictés par des considérations multiples et dont il est bien difficile de prévenir les conséquences ; à tout le moins n'est-il pas probable que la pensée de l'influence, toujours peu considérable, que pourra exercer sur leurs droits respectifs et purement éventuels, la naissance d'un nouvel enfant, doive être déterminante pour les époux, et puisse créer le danger que l'on redoute avec raison.

Si c'était à des ascendants légitimes que fut déférée la succession, le conjoint survivant aurait l'usufruit de la moitié ou des trois quarts de la succession, suivant qu'il rencontrerait des ascendants dans les deux lignes ou seulement dans l'une d'elles.

Vis-à-vis de frères et sœurs ou descendants d'eux, l'usufruit du conjoint porterait sur la moitié des biens. Ici, sans doute, on aurait pu, sans porter atteinte au principe de la réserve, attribuer au survivant un usufruit universel ; mais la différence qui aurait été ainsi établie entre les frères et sœurs et les ascendants aurait été en désaccord avec notre loi de succession *ab intestat* : à ce point de vue, en effet, les frères et sœurs sont mis sur la même ligne que les père et mère (art. 748) ; ils sont préférés à tous autres ascendants (art. 750) ; il était donc nécessaire de ne pas leur accorder moins de droits, dans leurs rapports avec l'époux survivant.

Dans le cas où le conjoint se trouverait en présence de frères et sœurs, soit consanguins, soit utérins, on s'est demandé s'il devait recevoir les trois-quarts ou seulement la moitié de la succession. On pouvait en effet penser que les frères et sœurs représentent seulement, comme le font les ascendants, la ligne à laquelle ils appartiennent, et qu'après avoir donné, par exemple, au conjoint survivant les trois quarts de la succession, en face de la mère seule héritière, la logique ne permettait pas de lui accorder, en face d'un frère utérin, des droits moins élevés.

Le point de départ de ce raisonnement ne paraît pas exact ; en effet, le principe en vertu duquel la succession se divise entre les lignes paternelle et maternelle ne s'applique aux frères et sœurs que dans leurs rapports réciproques, mais nullement dans leurs rapports avec les autres ayants droit à la succession (art. 751, 752) ; la loi, si on peut le dire, a fait des frères et sœurs un groupe indivisible, dont les droits ne sauraient varier suivant la nature des liens qui unissaient chacun d'eux au défunt.

Lors enfin, que le défunt aurait laissé des collatéraux autres que des frères et sœurs ou descendants d'eux, l'usufruit du conjoint porterait sur la totalité de la succession.

L'usufruit accordé aux père et mère du défunt, lorsqu'ils concourent avec des collatéraux autres que les frères et sœurs (art. 754) ne fera pas obstacle à l'usufruit qui est conféré au conjoint survivant sur les biens dévolus à ces collatéraux. Il était naturel de ne pas priver totalement les père et mère de la jouissance des biens attribués à des parents éloignés, mais leur droit doit céder devant celui de l'époux ; au reste, c'est seulement au profit du conjoint survivant que le droit des père et mère subit cette restriction ; il pourra être invoqué par eux lorsqu'aura disparu l'usufruit du conjoint qui seul s'opposait à ce qu'il fût exercé.

Tels seraient les droits du conjoint, en présence d'héritiers légitimes.

S'il concourait avec des enfants naturels, le conjoint recueillerait encore l'usufruit de la quotité disponible. Pour le calcul de la réserve des enfants naturels, les difficultés sont nombreuses et délicates ; mais elles ne se présentent pas uniquement par suite de la concession, au conjoint survivant, d'un droit de succession ; il y avait donc lieu seulement d'indiquer aux juges les règles qu'ils devront suivre, laissant à la jurisprudence et à la doctrine le soin de trancher les questions que leur application ferait naître.

Si l'on suppose que le défunt a laissé ses père et mère naturels, le conjoint n'aurait que l'usufruit de la moitié des biens ; il aurait l'usufruit des trois quarts, si le père ou la mère seulement avait survécu.

On peut regretter que le conjoint, lorsqu'il concourt avec les père et mère naturels du défunt, n'ait pas de droits plus étendus que ceux qu'il pourrait exercer à l'encontre des ascendants légitimes.

Sans doute, peut-on dire, il eut été rigoureux de réduire les père et mère naturels à un simple droit en nue-propriété, comme on aurait dû le faire, si l'on avait suivi le principe appliqué aux ascendants légitimes ; mais puisqu'il faut abandonner cette voie, ne convient-il pas de régler d'une manière tout différente le conflit actuel, en accordant au conjoint une part de la pleine propriété ? Ainsi seraient sauvegardés tous les intérêts : on éviterait entre l'époux et les père et mère de son conjoint des conflits toujours regrettables, les père et mère naturels ne seraient pas réduits à un droit illusoire, on maintiendrait enfin la distinction fondamentale entre la parenté légitime et la parenté naturelle.

Ce raisonnement n'a point prévalu. La solution proposée par la Faculté maintient, en effet, la différence essentielle entre les ascendants légitimes et les père et mère naturels, car ceux-ci n'ayant pas de réserve, au moins d'après l'interprétation la plus généralement admise, pourront toujours être écartés par des donations entre-vifs ou par un testament, de la succession de leur enfant.

On ne doit pas oublier qu'à l'égard même de ses père et mère naturels l'époux prédécédé était tenu de devoirs que le législateur a consacrés. Le conjoint survivant ne saurait se plaindre de la situation qui lui est faite : en contractant le mariage que la mort vient de dissoudre, il n'a pas dû ignorer qu'il épousait un enfant naturel ; son premier devoir a été, on peut le dire, d'adopter le père de son conjoint et d'accepter les obligations auxquelles il était libre de ne pas se soumettre envers lui.

En fait, il faut le reconnaitre, le droit du père naturel sera le même que celui de l'ascendant légitime ; leur condition juridique est, on l'a vu, toute différente, et la distinction nécessaire entre les deux ordres de parenté n'est en aucune façon méconnue.

S'il existe des frères et sœurs naturels, la loi les appelle à la succession du défunt, à défaut des père et mère naturels. Le conjoint aurait droit, dans tous les cas, à l'usufruit des trois quarts de la succession. L'époux prédécédé n'était pas tenu à l'égard de ses frères et sœurs naturels des mêmes devoirs qu'envers ses père et mère ; d'un autre côté, une différence profonde sépare aussi les frères et sœurs naturels des frères et sœurs légitimes ; on ne trouve pas ici de foyer commun, souvent ces frères et sœurs naturels ne se seront pas connus, ou seront devenus promptement étrangers les uns aux autres ; il est donc juste de restreindre leurs droits pour augmenter ceux du conjoint ; la Faculté n'a pas cru cependant devoir les réduire à un droit de nue-propriété.

Enfin si les frères et sœurs de l'enfant naturel, auxquels la loi donne le nom de frères et sœurs légitimes, se présentaient pour recueillir les biens que le défunt aurait reçus de leurs père et mère (art. 766), l'usufruit du conjoint porterait sur la moitié de ces biens ; il est vrai que ces frères et sœurs n'étaient que des parents naturels du défunt, mais il s'agit pour eux de recueillir des biens donnés par celui dont il sont les enfants légitimes : cette considération a paru justifier la décision admise en leur faveur.

La proposition de loi a pour but d'assurer au conjoint survivant une existence honorable, en rapport avec celle dont il a joui pendant le mariage ; il était nécessaire, pour obtenir ce résultat, de suppléer, par des dispositions législatives, à l'imprévoyance du défunt ; mais les époux conserveraient tous les droits qui sont reconnus d'ailleurs à leur profit par le Code civil : ils pourraient, par exemple, se donner réciproquement, s'il n'existait ni enfant du mariage, ni ascendants, tous leurs biens en pleine propriété ; si donc le survivant avait reçu de son conjoint des libéralités d'une importance suffisante, le prédécédé aurait satisfait au vœu de la loi et l'intervention du législateur ne se justifierait plus ; aussi l'époux survivant ne pourra-t-il tout à la fois recueillir le bénéfice de ces libéralités et se prévaloir des dispositions de la nouvelle loi ; il devrait, si le défunt ne l'en avait dispensé, imputer sur ses droits dans la succession *ab intestat*, la jouissance des biens qu'il aurait reçus du défunt.

L'imputation de la jouissance est seule exigée ; il était utile de prévenir les procès nombreux auxquels donne si souvent naissance la nécessité d'apprécier la valeur, soit d'une nue-propriété, soit d'un usufruit ; on a voulu de plus que le conjoint eût une jouissance nette, complète, assurée, sans qu'il soit nécessaire pour l'obtenir de vendre le bien qu'il aurait reçu du défunt, et auquel, à ce titre, s'attachent pour lui de précieux souvenirs. Enfin, il ne faut pas l'oublier, il ne peut être ici question que de biens disponibles : les héritiers non réservataires ne sauraient se plaindre de voir ainsi diminués, dans une mesure généralement restreinte, les droits dont ils auraient pu être entièrement dépouillés.

L'imputation dont il vient d'être parlé sera complètement étrangère au droit de jouissance accordé au conjoint sur les œuvres artistiques ou littéraires. Cette jouissance se justifie en effet par des considération toutes particulières, tirées de la nature même des droits qui en sont l'objet ; aussi le survivant pourra-t'il l'exercer, en même temps qu'il se prévaudra des dispositions du projet actuel.

Par cette décision, qui se justifie en elle-même, on vient de le voir, on évitera de grandes difficultés ; rien, en effet, n'est plus incertain souvent que la valeur vénale d'une œuvre artistique ou littéraire ; le succès le mieux mérité peut se faire longtemps attendre, pendant qu'une œuvre médiocre aura été l'objet d'un engouement passager ; pour établir exactement les droits du conjoint survivant et ceux des autres héritiers, faudrait-il fixer *a priori* un chiffre essentiellement variable ? Ou préférerait-on obliger les intéressés à entrer en compte chaque année ? On voit aisément quelles complications ou quelles injustices pourraient se produire, et il est permis de se féliciter de ce que la nature des choses ait conduit à un résultat si conforme aux nécessités pratiques.

Cette distinction complète entre la jouissance accordée au conjoint par la loi de 1866, et le droit d'usufruit consacré par le projet actuel, conduit à décider que les frères et sœurs, à l'égard desquels le conjoint recueillerait seulement, de droit commun, l'usufruit de la moitié des biens, ne sauraient prétendre avoir dans aucune mesure la jouissance des œuvres artistiques ou littéraires, laquelle continuerait à appartenir au survivant pour la totalité.

La règle admise en ce qui concerne la loi de 1866, devrait être appliquée au conjoint du déporté : la loi du 25 mars 1873 a considéré en quelque sorte les biens qu'elle attribue en partie au conjoint comme un patrimoine distinct, soumis à des principes exceptionnels ; le reste de sa fortune serait soumis aux règles de la loi nouvelle, qui formerait désormais le droit commun en cette matière.

IV.

Causes de déchéance du droit du conjoint.

La proposition de loi soumise à l'Assemblée prononce contre le conjoint la déchéance de son droit, dans les deux cas suivants :

1° Lorsqu'un jugement a prononcé contre lui la séparation de corps ;

2° Lorsqu'il a contracté un nouveau mariage.

La Faculté adhère à la première de ces décisions, elle ne croit pas pouvoir approuver la seconde.

La déchéance encourue par l'époux contre qui aurait été prononcée la séparation de corps est la conséquence des principes sur lesquels repose la proposition, et des dispositions même du code civil.

En concédant aux époux un droit réciproque de succession *ab intestat*, le législateur assure l'exécution des droits et des devoirs que le mariage avait fait naître ; sans doute, la séparation de corps ne dissout pas l'union conjugale, elle ne fait pas cesser ces droits et ces devoirs ; il est juste néanmoins que l'époux qui a manqué gravement aux obligations qu'il avait contractées envers son conjoint, ne puisse se prévaloir des prérogatives que lui assurait leur union : le lui permettre, serait violer les intentions les plus probables du défunt ; résigné à provoquer la séparation de corps, il n'a pas voulu du moins manifester une fois de plus, au moment suprême, ses trop légitimes ressentiments ; mais il appartient au législateur de donner satisfaction à une volonté dont des scrupules aussi délicats ont seuls arrêté l'expression.

Si l'ingratitude du donataire entraîne toujours la révocation des libéralités entre-vifs qu'il aurait reçues, il est naturel de refuser aussi à l'époux tout droit de succession sur le patrimoine de celui qu'il a si gravement offensé ; le doute peut se produire lorsqu'on est en présence des avantages librement conférés par l'un des époux à l'autre, mais on ne comprendrait pas que la loi, dans les circonstances dont il est ici question, put permettre à l'époux survivant d'exercer son droit héréditaire.

On objecte, il est vrai, que l'époux n'est pas tenu du devoir de la reconnaissance envers un conjoint de qui il n'a rien reçu, et que d'ailleurs il est permis de supposer que l'époux offensé a pardonné au coupable ; s'il en était autrement, ajoute-t-on, il aurait pris soin de l'écarter de sa succession par un testament.

La réponse est que la concession d'un droit héréditaire constitue, comme on l'a souvent rappelé, une libéralité faite par la loi au nom du défunt pour tenir lieu des dispositions que ce défunt n'a pas prises. Après l'éclat d'un procès en séparation de corps et l'altération profonde que cette séparation a apportée dans les rapports des conjoints, il serait téméraire d'interprèter le silence de l'époux offensé comme l'indice d'une réconciliation. D'ailleurs, on ne devra pas exiger, pour écarter cet effet du jugement, que le défunt ait expressément restitué à l'époux coupable, dans son testament, les droits qu'il avait perdus ; la réconciliation pourra résulter de toute manifestation de la volonté des époux, mais au moins faut-il que leur intention ne puisse être l'objet d'aucun doute.

Il n'est pas inutile de faire remarquer que la loi du 14 juillet 1866 prive également l'époux contre qui la séparation de corps a été prononcée, de son droit de jouissance sur les œuvres artistiques et littéraires du prédécédé ; la loi du 25 mars 1873 va même plus loin, et n'accorde les droits qu'elle consacre qu'au conjoint qui habite avec le condamné, disposition qui se justifie par le caractère de la situation à laquelle il fallait pourvoir, mais qu'il serait peut-être dangereux de convertir en une règle générale.

Quelques membres de la Faculté avaient pensé que la déchéance résultant de la séparation de corps, devrait être prononcée contre l'époux, alors même que le défunt n'aurait pas laissé de parents au degré successible, de telle sorte que la succession aurait appartenu à l'Etat ; on faisait valoir en ce sens les considérations rappelées plus haut pour justifier la déchéance dans toutes les autres hypothèses.

La majorité n'a pas cru pouvoir aller aussi loin. Il faut ici choisir entre le conjoint et l'Etat : distraire un bien, et surtout un ensemble de biens du domaine des particuliers pour l'attribuer à l'Etat, est toujours chose grave : dans l'hypothèse actuelle, ce serait se heurter à la volonté du défunt, qui, vraisemblablement, même après la séparation, aurait préféré son conjoint à l'Etat. Il importe, de plus, de ne pas exagérer le rapprochement que l'on peut établir entre le divorce et la séparation de corps ; entre ces deux institutions, en effet, la différence est profonde : l'un dissout le mariage, l'autre le laisse subsister ; le divorce met fin aux droits et aux devoirs nés de l'union conjugale, la séparation en amoindrit la force, mais ne les détruit pas ; les époux divorcés ne pouvaient plus se réunir, après la séparation, ils pourront toujours se réconcilier.

Le conjoint survivant serait-il privé de son droit de succession, dans le cas où il contracterait un second mariage ?

Cette question est assurément l'une des plus délicates, parmi celles que soulève le projet de loi.

Les motifs sur lesquels on peut s'appuyer pour prononcer la déchéance se résument de la manière suivante :

L'époux survivant qui contracte un nouveau mariage, brise les liens qu'avait formés le premier ; comment pourrait-il exercer les droits qui en étaient la conséquence ? Il se crée une nouvelle famille, il acquiert de nouveaux droits de succession, et trouvera de la sorte une compensation à ceux qui lui sont enlevés.

Si le défunt avait pu prévoir que son conjoint se remarierait, il lui aurait certainement retiré tout droit sur son patrimoine ; il lui aurait répugné de paraître encourager un acte qui peut lui sembler un manque de fidélité, il n'aurait pu souffrir que ses biens servissent comme de présent de noces pour une nouvelle union qu'il réprouve.

Ces considérations s'imposent tellement que le législateur, suivant en cela un sentiment qui avait reçu satisfaction de notre ancien droit, a, dans plusieurs textes, manifesté sa réprobation contre les secondes noces ; c'est ainsi que la belle-mère qui a convolé à un second mariage perd son droit de créance alimentaire (art. 206) ; c'est ainsi que, dans les mêmes circonstances, la mère est privée de l'usufruit légal sur les biens de ses enfants (art. 386) ; c'est ainsi enfin que la jouissance conférée par la loi du 14 juillet 1866, cesse dans le cas où le conjoint contracte une nouvelle union.

Il a été répondu, au nom de la majorité : l'autorité des règles puisées dans notre ancienne législation et particulièrement dans l'édit des secondes noces, perd une grande partie de sa force si l'on remarque que la déchéance, par suite d'un second mariage, ne s'appliquait ni au douaire ni à l'augment de dot.

La disposition de la loi du 14 juillet 1866 n'existait pas dans le projet primitif ; si elle y a été introduite, par voie d'amendement, c'est comme un correctif nécessaire au droit absolu que le paragraphe 2 de l'art. 1 reconnait au profit du conjoint.

Quant aux art. 206 et 386, si on s'attachait à suivre leurs décisions, on serait conduit à établir entre le mari et la femme une distinction absolument contraire à l'esprit du projet de la loi.

Le législateur ne doit pas, il est vrai, favoriser, encourager les seconds mariages ; s'il les tolère, il doit prendre toutes les mesures nécessaires dans l'intérêt des enfants du premier lit ; mais il ne lui appartient pas de condamner ces unions d'une façon générale, en frappant de déchéance l'époux qui les contracterait.

Dans l'opinion opposée, apprécie-t-on d'une manière exacte la pensée du défunt ? Il est permis d'en douter. Les motifs les plus légitimes et les plus honorables, dont, au moment de mourir, l'époux prédécédé aura pu apprécier toute la valeur, pourront avoir déterminé le conjoint survivant ; pourquoi le législateur serait-il plus sévère et condamnerait-il *à priori* un acte qui souvent ne mérite pas d'être aussi rigoureusement jugé ?

Il ne faut pas se le dissimuler, la décision par laquelle le conjoint qui se remarierait perdrait son droit d'usufruit, aurait les plus déplorables conséquences : si l'on place le survivant dans l'alternative de ne pas contracter une union qu'il désire ou d'encourir la déchéance dont il est menacé, ne doit-on pas craindre qu'un trop grand nombre, cédant à des calculs intéressés, n'hésitent pas à vivre dans le désordre pour conserver un droit qu'autrement la loi leur refuserait ?

La Faculté, pénétrée de l'importance de ces considérations, exprime même le vœu que la loi du 14 juillet 1866, soit modifiée dans le sens qui vient d'être indiqué, de telle sorte qu'à l'avenir l'époux survivant, lorsqu'il contracterait un nouveau mariage, ne perdit pas la jouissance des œuvres artistiques ou littéraires de son conjoint prédécédé.

L'époux survivant pourrait-il, du moins, soumettre les libéralités qu'il ferait à son conjoint, à la condition que celui-ci ne se remarierait pas ? La Faculté n'a pas jugé qu'il fût opportun de demander au législateur de se prononcer sur la valeur de cette clause ; d'ailleurs la difficulté qui vient d'être soulevée trouverait plutôt sa place dans la théorie des dispositions testamentaires : à ce titre elle ne devait pas être étudiée dans ce rapport.

Le conjoint survivant peut être privé de la succession de son époux prédécédé, soit par un testament ou une donation entre-vifs, soit parce qu'un jugement aurait prononcé contre lui la séparation de corps ou déclaré son indignité (art. 727 C. c.).

Dans ces circonstances, la Faculté propose d'accorder au conjoint survivant contre la succession du prédécédé une créance alimentaire. Cette disposition répondrait à une pensée d'humanité sur laquelle il est inutile d'insister ; elle assurerait de plus l'exécution du devoir de secours dont rien n'aurait pu dispenser le défunt.

Mais il est juste que la faculté de poursuivre l'exécution de cette obligation soit restreinte à un délai assez court, sans sacrifier cependant les droits du conjoint. Ce délai pourrait être fixé à une année à compter du décès ; néanmoins, si, ce délai étant expiré, le partage de la succession n'était pas encore achevé, l'action du conjoint pourrait être exercée jusqu'au partage définitif.

La nature de cette créance indique et sa mesure et les circonstances dans lesquelles elle existerait; il faudrait que le survivant fût dans le besoin: les tribunaux seraient sur ce point appréciateurs souverains; c'est à eux aussi qu'il appartiendrait de décider, d'une manière définitive, quelle serait la quotité de cette dette ; ils auraient égard aux besoins de l'époux qui en réclamerait le paiement, aux ressources de la succession qui en serait tenue.

La Faculté a jugé utile de présenter, sous la forme plus précise d'un projet de loi, le résumé de ses observations.

Elle émet le vœu que les dispositions nouvelles soient inscrites dans le Code civil et fassent corps avec lui. C'est d'ailleurs la marche qui a été suivie en 1832 (art. 164 C. c.) et en 1850 (art. 75, 1391 et 1394 ; art. 313 C. c.).

En agissant comme le propose la Faculté, on parviendrait plus aisément à mettre la législation nouvelle en harmonie avec les textes qu'elle modifie ou avec lesquels elle devra se combiner ; on donnerait à la réforme son véritable caractère et on rendrait à la loi un nouvel hommage en comblant une lacune que le législateur n'a laissée que par mégarde dans son œuvre.

Comme conséquence du caractère qu'elle propose d'attribuer au droit du conjoint survivant, la Faculté est d'avis qu'il y a lieu de ne pas laisser dans le chapitre des successions irrégulieres, le texte dans lequel seraient fixés les droits du conjoint survivant. Elle propose donc de consacrer à ce texte une section spéciale, qui prendrait place à la fin du chapitre intitulé: *Des divers ordres de successions.*

Parvenue au terme de ses études, la Faculté demeure convaincue que la réforme proposée est opportune et peut être actuellement réalisée. Adoptant dans son principe le projet soumis à l'Assemblée, la Faculté s'est efforcée de combler les lacunes qu'elle a cru y reconnaître, et d'apporter quelques améliorations aux dispositions qui lui ont semblé défectueuses. Elle s'est tenue en garde tout à la fois contre une réserve excessive qui porterait à repousser les modifications les plus utiles, et l'esprit d'innovation téméraire, si incompatible avec la nécessaire stabilité des lois. Le problème était complexe et délicat : la Faculté ne désespère pas d'avoir montré tout au moins que les difficultés qu'il présente ne sont pas insurmontables, et qu'il est possible d'arriver à les résoudre.

Le législateur, en réalisant la réforme attendue de lui, serait l'interprète du sentiment public; il tirerait des principes consacrés par le Code civil les conséquences que l'on avait jusqu'ici négligé d'en déduire ; il affirmerait de nouveau son respect pour la famille, pour le mariage qui en est la source ; enfin, on ne saurait l'oublier, il se montrerait fidèle à nos anciennes traditions françaises.

PROJET DE LOI

relatif aux droits du conjoint survivant sur la succession de son époux prédécédé.

ARTICLE PREMIER.

Les articles 723, 724, 753, 754, 768, 769, 770, 771, 772 et 773 du Code civil, sont modifiés ainsi qu'il suit :

Art. 723 (1). La loi règle l'ordre de succéder entre les héritiers légitimes ; à leur défaut, les biens passent aux *parents* naturels, et, s'il n'y en a pas, à l'Etat: *le tout sans préjudice des droits reconnus ci-après au profit du conjoint survivant.*

(1) Textes actuels du Code civil.

Art. 723 (*). La loi règle l'ordre de succéder entre les héritiers légitimes; à leur défaut, les biens passent aux *enfants* naturels, *ensuite à l'époux survivant* ; et, s'il n'y en a pas, à l'État.

Art. 724. Les héritiers légitimes sont saisis de plein droit des biens, droits et actions du défunt, sous l'obligation d'acquitter toutes les charges de la succession; les *enfants* natu-

(*) Les expressions imprimées en *italique* sont celles que l'on propose de supprimer ou de modifier. On a désigné de la même manière, dans le projet, les expressions destinées à remplacer celles dont on propose la suppression, ou qui seraient ajoutées au texte actuel.

ART. 724. Les héritiers légitimes sont saisis de plein droit des biens, droits et actions du défunt, sous l'obligation d'acquitter toutes les charges de la succession ; les *parents* naturels et l'Etat doivent se faire envoyer en possession par justice, dans les formes qui seront ci-après déterminées.

ART. 753. A défaut de frères ou sœurs ou de descendants d'eux, et à défaut d'ascendants dans l'une ou l'autre ligne, la succession est déférée par moitié aux ascendants survivants ; et pour l'autre moitié, aux parents les plus proches de l'autre ligne.

S'il y a concours de parents collatéraux au même degré, ils partagent par tête.

Dans le cas du *présent* article, le père ou la mère survivant a l'usufruit du tiers des biens auxquels il ne succède pas en propriété. *Cet usufruit ne peut être exercé en concours avec celui du conjoint survivant.*

ART. 768. Lorsque le défunt ne laisse ni *parents* au degré successible, *ni conjoint*, la succession est acquise à l'Etat.

Art. 769. L'administration des domaines qui *prétend* droit à la succession, *est tenue* de faire apposer les scellés, et de faire faire inventaire dans les formes prescrites pour l'acceptation des successions sous bénéfice d'inventaire.

Art. 770. *Elle doit* demander l'envoi en possession au tribunal de première instance dans le ressort duquel la succession est ouverte. Le tribunal ne peut statuer sur la demande qu'après trois publications et affiches dans les formes usitées, et après avoir entendu le Procureur du Roi.

ART. 771. *L'enfant naturel appelé à défaut de parents*, est tenu de faire emploi du mobilier, ou de donner caution suffisante pour en assurer la restitution, au cas où il se présenterait des héritiers du défunt, dans l'intervalle de trois ans ; après ce délai, la caution est déchargée.

Art. 772. L'administration des domaines, qui *n'aurait* pas rempli les formalités qui *lui sont* prescrites, *pourra être condamnée* aux dommages et intérêts envers les héritiers, s'il s'en représente.

rels, l'*époux survivant* et l'État, doivent se faire envoyer en possession par justice, dans les formes qui seront ci-après déterminées.

Art. 753. *Ce texte est reproduit sans aucune modification ; sous le même numéro serait compris l'art. 754 modifié.*

Art. 754. Dans le cas *de l'article précédent*, le père ou la mère survivant a l'usufruit du tiers des biens auxquels il ne succède pas en propriété.

Art. 768. *A défaut de conjoint survivant*, la succession est acquise à l'État.

Art. 769. *Le conjoint survivant* et l'administration des domaines qui *prétendent* droit à la succession, *sont tenus* de faire apposer les scellés. . . . .

Art. 770. *Ils doivent* demander l'envoi en possession au tribunal. . . . . .

Art. 771. L'*époux survivant* est encore tenu de faire emploi du mobilier. . . . .

Art. 772. L'*époux survivant* et l'adminisiration des domaines qui *n'auraient* pas rempli les formalités, qui *leur sont respectivement* prescrites, *pourront être comdamnées* aux dommages et intérêts envers les héritiers, s'il s'en représente.

Art. 773. Les dispositions des articles 769, 770, 771 et 772, sont communes aux enfants naturels appelés à défaut de parents.

Art. 773. Les dispositions des articles 769, 770 et 772, sont communes aux enfants naturels appelés à défaut de parents.

L'article 755 prend le n° 754.

ARTICLE DEUXIÈME.

Les dispositions suivantes prendront place dans le Code civil, après l'article 754 :

Section VI.

Des droits du conjoint survivant.

Art. 755. 1° Lorsque le défunt ne laisse pas de parents au degré successible, la succession appartient au conjoint qui lui survit ;

2° Dans tous les autres cas, le conjoint survivant a sur les biens de son époux prédécédé un droit d'usufruit réglé ainsi qu'il suit :

Si le défunt a laissé des descendants légitimes ou naturels, ou des ascendants légitimes, le conjoint survivant a l'usufruit de tous les biens, la réserve des héritiers ou successeurs demeurant intacte ;

Si le défunt a laissé des enfants d'un précédent mariage, le conjoint survivant n'a que l'usufruit d'une part d'enfant le moins prenant, sans que cette part puisse excéder le quart des biens ;

Si le défunt a laissé des frères ou sœurs légitimes ou des descendants d'eux, le conjoint a l'usufruit de la moitié des biens ;

Si le défunt a laissé des collatéraux autres que des frères ou sœurs ou descendants d'eux, le conjoint à l'usufruit de la totalité des biens ;

Si le défunt a laissé ses père ou mère naturels, le conjoint a l'usufruit des trois quarts des biens ; cet usufruit n'est que de la moitié si le père et la mère ont tous deux survécu ;

Si le défunt a laissé des frères et sœurs naturels, nés eux-mêmes hors mariage, ou des descendants d'eux, le conjoint a l'usufruit des trois quarts des biens.

Les biens sujets au droit de retour, aux termes des arts 351, 352, 747 et 766 du Code civil, seront, comme tous autres, soumis au droit d'usufruit du conjoint survivant. Si le défunt a laissé des frères ou sœurs issus d'un mariage légitime, qui recueillent, aux termes de l'art. 766 du Code civil, les biens par lui reçus de ses père et mère naturels, le conjoint survivant aura l'usufruit de la moitié de ces biens.

3° Les héritiers pourront, jusqu'au partage inclusivement, demander l'autorisation de désintéresser le conjoint survivant, en proposant la constitution d'un revenu viager dont la quotité sera fixée par le tribunal. Ce revenu ne pourra être obtenu que par l'acquisition de rentes sur l'État, immatriculées au nom des héritiers pour la nue propriété, et, pour l'usufruit, au nom du conjoint survivant, ou, si les héritiers le préfèrent, par la constitution d'une rente viagère sur des institutions garanties par l'État.

4° Le conjoint survivant sera tenu, à défaut de toute disposition contraire, d'imputer sur les droits reconnus à son profit par le présent article, tout ce qu'il aura reçu du défunt, par donation entre-vifs ou par testament; on ne devra tenir compte, pour cette imputation, que de l'usufruit de ces biens, alors même que la pleine propriété aurait été donnée ou léguée au conjoint.

5° Le conjoint survivant, lorsqu'il recueillera les biens en pleine propriété, sera considéré comme héritier, et saisi de plein droit.

Lorsqu'il ne recueillera que de l'usufruit, ses droits et ses obligations seront réglés conformément aux dispositions des art. 600 à 614 du Code civil; il aura droit aux fruits du jour du décès.

Il pourra, jusqu'au partage, conserver, sans être tenu d'en faire inventaire, tous les meubles garnissant l'habitation des époux pendant le mariage; il pourra également exiger, à la charge de les restituer en nature, qu'ils lui soient attribués par le partage, mais seulement dans les limites de son droit d'usufruit, tel qu'il est fixé par le présent article.

6° Les frais d'inventaire seront, dans tous les cas, considérés comme une charge de la succession.

7° Les droits du conjoint survivant sur les œuvres littéraires ou artistiques, et ceux accordés au conjoint d'un déporté, s'exerceront indépendamment des droits reconnus par le présent article.

8° Le conjoint contre lequel aura été rendu un jugement de séparation de corps, passé en force de chose jugée au moment du décès et non anéanti par une réconciliation, perdra tout droit sur la succession de son conjoint, excepté dans le cas où celui-ci ne laisserait aucun parent au degré successible.

9° Le conjoint survivant qui aura contracté un nouveau mariage, ne perdra pas ses droits sur la succession de son conjoint prédécédé.

10° Le conjoint survivant, privé, pour quelque cause que ce soit, de tout ou partie des droits reconnus par le présent article, pourra, pendant un an à partir du décès, ou jusqu'au partage inclusivement, s'il n'est pas terminé dans ce délai, réclamer, s'il est dans le besoin, des héritiers ou successeurs du défunt, une pension alimentaire, dont la quotité sera réglée, d'une manière définitive, dans la proportion des besoins du conjoint qui la réclame, et de la valeur de la succession.

ARTICLE TROISIÈME.

La section II du chapitre IV, au titre des Successions, sera intitulée ainsi qu'il suit : **Des droits de l'Etat.**

ARTICLE QUATRIÈME.

L'art. 767 du Code civil est abrogé.

Saint-Nicolas et Nancy.— Typographie de N. COLLIN.

www.ingramcontent.com/pod-product-compliance
Ingram Content Group UK Ltd.
Pitfield, Milton Keynes, MK11 3LW, UK
UKHW032010260826
14628UKWH00005B/2408

9 782019 661120